BEI GRIN MACHT SICH IHR WISSEN BEZAHLT

- Wir veröffentlichen Ihre Hausarbeit, Bachelor- und Masterarbeit

- Ihr eigenes eBook und Buch - weltweit in allen wichtigen Shops

- Verdienen Sie an jedem Verkauf

Jetzt bei www.GRIN.com hochladen und kostenlos publizieren

Marcus Erben

Kurzvortrag Humboldt - Die Bildung des Menschen

GRIN Verlag

Bibliografische Information der Deutschen Nationalbibliothek:

Die Deutsche Bibliothek verzeichnet diese Publikation in der Deutschen National-
bibliografie; detaillierte bibliografische Daten sind im Internet über http://dnb.d-
nb.de/ abrufbar.

Impressum:

Copyright © 2003 GRIN Verlag GmbH
Druck und Bindung: Books on Demand GmbH, Norderstedt Germany
ISBN: 978-3-638-93475-6

Dieses Buch bei GRIN:

http://www.grin.com/de/e-book/14876/kurzvortrag-humboldt-die-bildung-des-
menschen

GRIN - Your knowledge has value

Der GRIN Verlag publiziert seit 1998 wissenschaftliche Arbeiten von Studenten, Hochschullehrern und anderen Akademikern als eBook und gedrucktes Buch. Die Verlagswebsite www.grin.com ist die ideale Plattform zur Veröffentlichung von Hausarbeiten, Abschlussarbeiten, wissenschaftlichen Aufsätzen, Dissertationen und Fachbüchern.

Besuchen Sie uns im Internet:

http://www.grin.com/

http://www.facebook.com/grincom

http://www.twitter.com/grin_com

Universität Würzburg
Institut für Pädagogik
Lehrstuhl II
SS 2003
Proseminar: Erziehungs- und Bildungstheorien

Humboldt – Die Bildung des Menschen

Marcus Erben

Pädagogik (HF), Germanistik (NF)
4. Semester

Inhaltsverzeichnis   **Seite**

1. Vorbetrachtung und Zielstellung

„Bildung [sollte] als der durch Erziehung unterstützte Entwicklungsprozess verstanden werden, der junge Menschen zu urteilsfähigen, selbstverantwortlichen und zugleich zu Verantwortung für ihre Mitmenschen und die *gemein*samen Lebensbedingungen fähigen und bereiten Mitgliedern einer sozialen *Gemein*schaft macht. Zu Menschen, die sich ihrer Herkunft und Zugehörigkeit bewusst, aber dennoch weltoffen lernbereit sind, und die ihrem Leben und Handeln auf der Grundlage *gemein*sam (Hervorhebung M.E.) verbindlicher Werte Sinn und Inhalt zu geben vermögen."[1]

Dass Bildung die erstrangige, wohl wichtigste Aufgabe von Erziehung darstellt, ist für jeden pädagogisch Denkenden und Handelnden einsichtig. Dass die Bildung des Menschen aber einseitig aufgefasst und ausgelegt wird, ist symptomatisch für das klägliche Bemühen - wie obiges Beispiel zeigt – zwar keine für alle Zeiten gültige, dennoch eine aktuelle und den derzeitigen sozialen und ökonomischen Anforderungen ``nach PISA´´[2] genügende, freilich legitime Definition von Bildung zu geben. Wenn also Markl, von Haus aus Verhaltensforscher und Evolutionsbiologe sowie ehemaliger Präsident der Deutschen Forschungsgemeinschaft und der Max-Planck-Gesellschaft, in seiner Definition in Zusammenhang mit Bildung von Verantwortlichkeit seiner selbst und für andere, von „Entwicklungsprozess" und Urteilsfähigkeit des Menschen spricht, der durch Bildung instand gesetzt werden soll, sich „Sinn und Inhalt" zu geben, dann immer nur in Abstimmung mit der „sozialen Gemeinschaft", mithin der Gesellschaft, deren Bedürfnisse wir kennen müssen, um nach ihnen unsere Entwicklung auszurichten. Diese materiale und nur auf die Praxis des Lebens („Leben und Handeln") und nicht auf innere Kräftebildung und kontemplatives Denken ausgerichtete Festlegung von Bildung fördert dreimal den Wortstamm „gemein" zu Tage, was eine Definition formaler Natur faktisch ausschließt, denn sonst hätte Markel statt „(Mit-)Menschen" Subjekte oder Individuen, statt „Entwicklungsprozess" Selbstbestimmungsprozess erwähnt, welcher „Sinn und Inhalt" aus Gründen des Selbstzweckes fördert und nicht „auf Grundlage gemeinsam verbindlicher Werte". Wir haben es hier also offensichtlich mit einer Bildungsdefinition materialer Natur zu tun.

---

[1] Markl, Hubert: Schnee von gestern. Hubert Markl über die Legende von den „zwei Kulturen". In: Lernen zum Erfolg. Was sich an Schulen und Universitäten ändern muss. (SPIEGEL-Special – Das Magazin zum Thema) Hamburg 2002, S. 159.
[2] Mit der von der OECD initiierten PISA-Studie meint man vor allem bei den Politikern und Wirtschaftsubjekten eine bildungspolitische Zäsur zu haben, nach der plötzlich all das bekannt war, was sich vorher angeblich niemanden ins Bewusstsein stahl.

Bevor wir aber auf die genaue Unterscheidung zwischen materialer und formaler Bildungstheorie zu sprechen kommen, stecken wir kurz Inhalt, Ziel und Methode der schriftlichen Ausarbeitung des im Rahmen des Seminars „Erziehungs- und Bildungstheorien" gehaltenen Referats ab.

Im Zentrum dieser Arbeit wird die sukzessive (werkimmanente) Interpretation des Humboldtfragmentes „Bildung des Menschen" stehen. Zunächst nehmen wir jedoch als Textverständnisfolie den geistesgeschichtlichen Entstehungszusammenhang und die soziale Wirkung des Neuhumanismus ins Visier, dessen Gedankengut den Bildungs-, Schul- und Sprachtheoretiker Humboldt entscheidend prägte. Denn „es kann nicht entschieden genug als Resultat aller unsrer wissenschaftlichen Einsichten betont werden, daß die neuhumanistische Griechenauffassung durch und durch von den Lebensenergien der Zeit getränkt ist, die sie geschaffen hat."[3] Unter Zuhilfenahme gängiger und aktueller Humboldtinterpretationen werden wir sodann versuchen, zumindest Teile des kurzen Textes Schritt für Schritt zu übersetzen. d.h. zu dechiffrieren. Dabei soll auf die Möglichkeit, Humboldt einfach durch Humboldt zu erklären, weitgehend verzichtet werden. Die Fragen der Dreidimensionalität pädagogischen Denkens und Handelns (Hier: Was ist der Mensch? Was ist das Ziel von Bildung? Wie soll dieses Ziel erreicht werden?) sollen abschließend angemessene Antworten finden, damit wir schließlich letztens die wohl schwierigste Frage beantworten können, ob sich Humboldt überhaupt in eine Bildungstheorie materialer oder formaler Natur einordnen lässt.

2. Bildungstheorien

Analog zu den Erziehungstheorien, die man in funktionale und intentionale unterteilen kann, unterscheidet man Bildungstheorien in formale und materiale. Dietrich Benner gibt in seiner *Allgemeinen Pädagogik* jeweils folgende Definitionen: Während formale Bildungstheorien „alle Weltinhalte und Praxisbereiche menschlichen Handelns nur als Stoffe für die Übung und Ausbildung individueller Fähigkeiten und Kräfte" begreifen, sehen materiale Bildungstheorien „in den sich bildenden Subjekten lediglich Träger gesellschaftlich wünschenswerter Eigenschaften und Qualifikationen."[4] Ein übliches Pädagogikwörterbuch weist uns Humboldt beispielsweise als Vertreter eines funktionalen Typus von formaler

---

[3] Spranger, Eduard: Wilhelm von Humboldt und die Reform des Bildungswesens. Tübingen 1964, S. 60.
[4] Benner, Dietrich: Allgemeine Pädagogik. Eine systematisch-problemgeschichtliche Einführung in die Grundstruktur pädagogischen Denkens und Handelns. 4. Aufl. Weinheim; München 2001, S. 151.

Bildungstheorie in Hinblick seines Theorems der sogenannten Kräftebildung aus.[5] Und auch Albert Reble versteht seine Bildungskonzeption als „primär formaler Natur"[6] Ob wir dem zustimmen können, wird sich nach unserer Interpretation zeigen.

3. Der Neuhumanismus als Bildungstendenz im Kontext der klassisch – idealistischen Epoche (1770 – 1830)

Der Neuhumanismus, begriffen als Bildungstendenz, die auf das geistige Erbe des Griechentums zurückgriff, war Ausdruck der klassisch-idealistischen Epoche[7], welche man in den Zeitraum zwischen 1770 und 1830 ansetzen kann. Er ist also zunächst einmal geistesgeschichtlich zu verorten. Nicht die in dieser Zeit gegenwärtige Gesellschaft war neuhumanistisch beeinflusst oder war gar eine neuhumanistische, sondern Philosophie und Literatur galten als Wegbereiter dieser Tendenz und schickten sich an, Gedankengut und Ideen im Sinne eines Neuhumanismus zu entwickeln. Die verschiedenen und vielgestaltigen Strömungen innerhalb dieser Epoche, die namentlich gleich genannt und freilich nur unzureichend grob charakterisiert werden können, bereiteten diesen Neuhumanismus also durch ihre spezifischen Eigentümlichkeiten ideell und theoretisch vor.

Als erste Strömung ist der Sturm & Drang zu nennen, bekannt auch als Geniezeit, die sich durch den Sinn für das Irrationale auszeichnete. Daneben wurden die Individualität und das Naturerleben betont, was wiederum auf die Renaissance rekurriert, in der das Individuum in der gesamten abendländischen Geistesgeschichte erst recht eigentlich ''entdeckt`` wurde. Man denke beispielsweise an die Künstler, die, in Selbstverliebtheit schwelgend, Eigenporträts zeichneten. Literarische sinnfällig wurden diese signifikanten Elemente des Sturm & Drang im berühmten Goethe-Roman „Die Leiden des jungen Werthers".

Die Klassik versuchte nun diesen Überhang an Irrationalem und Individualität auszugleichen, indem sie versuchte, eine Synthese aus Irrationalität und Rationalität, aus Freiheit – dem Individuellen – und Gesetz – dem Überindividuellen – zu gewinnen. In der Romantik überwog dann wieder das irrationale Moment, dessen Medium der Traum, der Spuk, das Märchen, die Poesie schlechthin war.

Als Bildungsgedanke jener Epoche kann zusammenfassend festgehalten werden: Beherrschend ist der Gedanke einer allgemein-menschlichen und allseitig harmonischen (persönlichen) Bildung, d.h. die Formung der individuellen Kräfte zu einer inneren Harmonie.

---

[5] Böhm, Winfried: Wörterbuch der Pädagogik. 14. Aufl. Stuttgart 2000, „formale Bildung" S. 178 u. „Kräftebildung" S. 313.
[6] Reble, Albert: Geschichte der Pädagogik. 20. Aufl. Stuttgart 2002, S. 183.
[7] Vgl. hierzu: Ebd., S. 174 – 184.

Der Neuhumanismus selbst erweist sich als Bildungstendenz der ganzen Epoche, die jene Kräfte durch den Umgang mit dem Geist des Griechentums wecken wollte.

4. Der Neuhumanismus als gesellschaftsgeschichtliche Signatur[8]

Der Neuhumanismus als geistesgeschichtliches Phänomen wollte jetzt reformatorisch-innovativ auf die damalige ständische Gesellschaft wirken, die sich – trotz Bemühung der preußischen Aufklärung, die Menschen aus dem Stadium der Unmündigkeit zu befreien – immer noch in der Krise befand. Dazu kündigte sich mit der Französischen Revolution ein neues Zeitalter an, was sich als Auftrieb für Reformen – und nicht etwa ebenfalls für Revolutionen – bestätigen wollte.

Die liberalen Reformer Preußens forderten ausdrücklich die Reorganisation der staatlichen Verwaltung. Die Bürokratie sollte effizienter gestaltet und somit die Gesellschaft modernisiert werden. Weiterhin forderten sie die Aufgabe von Geburtsprivilegien. Die Vergabe von Staatsämtern sollte nicht mehr nach jenen, sondern nach individueller Befähigung und Leistung vergeben werden. Deshalb brauchte es eine Reorganisation der Schulen, die eine angemessene Ausbildung der Gesellschaftsmitglieder gewährleisten mussten. Schließlich forderten die liberalen Reformer politische Reformen, die über ein liberales Verfassungssystem in die Demokratisierung der in Kleinstaaterei verharrenden Nation münden sollte. Diese durch jene Reformen freigesetzten Individuen sollten nun durch umfassende Bildung auf die liberale Gesellschaft vorbereitet werden.

5. Humboldt – Die Bildung des Menschen

Humboldt übertitelte sein Fragment nicht. Je nach Herausgeber heißt der Titel „Die Bildung des Menschen" oder „Theorie der Bildung des Menschen". Der Entstehungszeitraum ist ungewiss. Leitzmann, auf dessen Ausgabe sich der Text im Baumgartbuch grundlegt, übertitelt diesen mit „Die Bildung des Menschen". Nach der Leitzmanndatierung entstand das Fragment 1993. Während Benner in seiner Monographie über Humboldt Bildungstheorie die Jahre 1794 und 1795 angibt bzw. davon abweichend in seiner *Allgemeinen Pädagogik* die Jahre 1793 oder 1794. Die Datierung bleibt also ungewiss.

Obwohl es unterschiedliche Übertitelungen gibt, lässt sich aus allen die Grundthematik des Textes erschließen: Es geht um die Bildung *des* Menschen. Nicht etwa um die Bildung des

---

[8] Vgl. hierzu: Erziehungs- und Bildungstheorien. Erläuterungen, Texte, Arbeitsaufgaben. Hrsg. von Franzjörg Baumgart. 2. Aufl. Bad Heilbrunn 2001, S. 83 – 93.

Bürgers, des Fürsten oder des Bauers, was man eigentlich aufgrund der damals herrschenden Dreiständegesellschaft hätte erwarten können. Nein, für Humboldt geht es um eine für alle geltende allgemeine Bildung, deren Art, Wesen und Prozess er zu beschreiben versucht.

Grundlage unserer Interpretation wird der Textausschnitt aus dem unter Fußnote 8 aufgeführten Buch sein.[9] Die Einleitung des Textes, die nicht abgedruckt ist, in der aber Humboldt den Grund für seine später entwickelte Bildungsauffassung angibt, müssen wir aber kurz zusammenfassen.

Humboldt beginnt sein Fragment mit dem Kernproblem neuzeitlich ausdifferenzierter Wissenschaft, die durch Spezialisierung zwar viel Wissen produziere, das aber „unnütz" erscheine und für „die Bearbeitung des Geistes unfruchtbar"[10] bleibe. Deshalb geht es für Humboldt um die Ausbildung jener übergeordneten „eigenthümlichen Fähigkeiten", die durch Bearbeitung der einzelnen Fächer eine allgemeine für alle Fächer neuzeitlicher Wissenschaft geltende Perspektive schaffen und diese verbinden, „sie in einen Gesamtzusammenhang bringen"[11], um das Ziel aller Wissenschaft – die Menschheit in ihrer Totalität zu erfassen – zu erlangen. Diese Fähigkeiten müssen durch eine Bildung gewonnen werden, die er im Verlaufe des Textes folgendermaßen darlegt:

> „Im Mittelpunkt aller besonderen Arten der Thätigkeit nemlich steht der Mensch, der ohne alle, auf irgend etwas Einzelnes gerichtete Absicht, nur die Kräfte seiner Natur stärken und erhöhen, seinem Wesen Werth und Dauer verschaffen will." (Baumgart, S. 94.)

Allein am ersten Satz seiner bildungstheoretischen Darlegungen entzünden sich drei Fragen. Was sind die „besonderen Arten der Thätigkeit?" Was heißt „ohne alle, auf irgend etwas Einzelnes gerichtete Absicht?" Und schließlich: Was sind „die Kräfte seiner Natur?"

Die „besonderen Arten der Thätigkeit" sind für Humboldt, wie wir später feststellen werden, zunächst allgemein im dialektischen Rahmen des Denkens und Handelns angelegt. Tiere sind zwar auch tätig, aber sie können weder denken[12], noch sind sie praktisch[13] tätig. In diesem Rahmen sucht der Mensch seinen Lebenssinn, seine Bestimmung („Werth") und Kontinuität („Dauer") nicht im Erstreben irgendeiner für ihn ermittelten oder von Geburt aus gegebenen oder eigenmächtig erzwungenen Funktion. Vielmehr vollzieht er „eine entschiedene

---

[9] Siehe ebd., S. 94 – 96.

[10] Humboldt, Wilhelm von: Werke I. Band I. Schriften zur Anthropologie und Geschichte. Hrsg von Wolfgang Stahl. Germany 1999, S. 16.

[11] Wagner, Hans-Josef: Die Aktualität der strukturalen Bildungstheorie Humboldts. Weinheim 1995, S. 27.

[12] Wenn man Denken als ein Erinnern von Vergangenheit, als Entwerfen von Zukunft, als Reflexion und begründetem Argumentieren betrachtet.

[13] Wenn man Praxis als ideengeleitetes, verantwortungsvolles, begründetes, selbstbestimmtes, schon allein in sich selbst sinnvolles Handeln begreift, in dem der Mensch seine Bestimmung sucht, ohne dass die Unvollkommenheit, die den Menschen erst zur Praxis befähigt, aufgehoben werden würde.

Hinwendung nicht zur äußeren Natur, zum gesellschaftlich Allgemeinen, sondern zur inneren Natur, zum Individuum als Individuum."[14] Die „Kräfte seiner Natur" sind seine individuellen Anlagen, die er formen und gleichsam auf eine metaphysische („erhöhen") Ebene bringen möchte, ohne dass er diese Selbst*formung* (nicht Selbst*füllung!*) teleologisch ausrichtet. Der seine Bestimmung suchende Mensch, „die er aber keinem vorgegebenen Ordnungszusammenhang zu entlehnen weiß"[15], erhebt also diese zum Selbstzweck. Bis hierhin wäre die Bildung des Menschen auf die reine Ausformung individueller Anlagen verkürzt und somit eine „Hypostasierung der Individualität"[16] gewährleistet. Humboldt allerdings verweist umgehend im nächsten Satz darauf hin, dass der Mensch nicht bei sich selbst stehen bleiben darf, sondern aus seiner Individualität, seiner Innerlichkeit austreten und sich mit einem Gegenstand einlassen muss, den er allgemein als „Welt" bezeichnet, auf die der Mensch in seinem Bildungsprozess konsequenterweise angewiesen ist:

> „Da jedoch die blosse Kraft einen Gegenstand braucht, an dem sie [die Kraft] sich üben, und die blosse Form, der reine Gedanke, einen Stoff, in dem sie [die Form], sich darin ausprägend, fortdauern könne, so bedarf auch der Mensch einer Welt ausser sich." (Baumgart, S. 94.)

Die sich formende Individualität setzt sich in Beziehung zur äußeren Welt, um in diesem dialektischen Spannungsverhältnis ihre Anlagen zu üben, und um die geistige Tätigkeit in ihr auszuprägen. Scharfsinnig hat Benner zu recht angemerkt, dass vor allem bei einer subjektivistischen Leseart des Satzes das „auch" überlesen wurde. Denn auch das Tier ist wie der Mensch auf eine Welt angewiesen. Er unterscheidet sich jedoch von ihm „durch die Art und Weise dieses Angewiesenseins"[17] und dadurch, dass er „um eine Welt außer sich weiß."[18] „Welt" für den Menschen könnet hier, bezogen auf Humboldts leidenschaftliche Beschäftigung mit dem Hellenentum und seine Sprachreflexionen, die (griechische) Philosophie bzw. die (griechische) Sprache heißen. Allerdings wird „Welt" im Text nicht näher konkretisiert, sondern bleibt allgemeingültig, was sich mit einer Theorie, die sich hier mit der Bildung beschäftigt, durchaus verträgt. Denn wenn es das Merkmal von Theorien ist, allgemeingültig sein zu wollen, dann müssen auch ihre Theoreme allgemein formuliert werden. Wie aber wird das Verhältnis zwischen Mensch und Welt von Humboldt bestimmt? Dieser dazu weiter:

> „Daher entspringt sein Streben, den Kreis seiner Erkenntnis und seiner Wirksamkeit zu erweitern, und ohne dass er sich selbst deutlich dessen bewusst ist, liegt es ihm nicht eigentlich an dem, was er von

---

[14] Wagner (1995): S. 28.
[15] Benner, Dietrich: Wilhelm von Humboldts Bildungstheorie. Eine problemgeschichtliche Studie zum Begründungszusammenhang neuzeitlicher Bildungsreform. Weinheim 1990, S. 98.
[16] Wagner (1995): S. 28.
[17] Benner (1990): S.97.
[18] Ebd., S. 98.

jener [der Welt] erwirbt, oder vermöge dieser ausser sich hervorbringt, sondern nur an seiner inneren Verbesserung und Veredlung, oder wenigstens an der Befriedigung der innern Unruhe, die ihn verzehrt." (Baumgart, S.94.)

Es zählt für den Menschen also nicht so sehr, *was* er von der Welt erhält, sondern es zählt für ihn unbewusst lediglich, *wie* sie, die Welt, dazu beitragen kann, dass der nach seiner Bestimmung suchende Mensch sein Inneres verbessern, veredeln und beruhigen kann. Dies ist vergleichbar mit einem Hungernden, dem es nicht so sehr darauf ankommt, was für eine Mahlzeit er erhält, um seinen Hunger stillen zu können, sondern der daran interessiert ist, dass die Mahlzeit so beschaffen ist, dass sie seinen Hunger überhaupt zu stillen vermag. Der „Kreis" aus „Erkenntnis" (Denken) und „Wirksamkeit" (Handeln) wird durch den Bezugspunkt Welt komplettiert, mit der der Mensch als Individuum ein dialektisches Verhältnis eingeht. Welche Funktionen haben jeweils das Denken und das Handeln? Humboldt dazu weiter:

> „Rein und in seiner Absicht betrachtet, ist sein Denken immer nur ein Versuch seines Geistes, vor sich selbst verständlich, sein Handeln ein Versuch seines Willens, in sich frei und unabhängig zu werden, seine ganze äussre Geschäftigkeit überhaupt nur ein Streben, nicht in sich müssig [untätig] zu bleiben." Baumgart, S. 94.

Das „Denken" ist auf der Folie von Theorie und Idee zu sehen, die vom „Geist", vom Menschen selber produziert werden mit dem Streben, sich selbst zu erkennen und selbst aufzuklären. Der Mensch, so Humboldt, betreibt sein Denken nicht um des reinen Erkenntniswillens, sondern um des Selbsterkenntniswillen. Sein „Handeln" verfolgt hingegen das Ziel, autonom und emanzipiert zu werden. Bevor wir auf den spezifischen Weltbegriff von Humboldt überleiten, eine kleine Zusammenfassung des bisher gesagten: Im dialektischen Prozess zwischen Individuum und Welt versucht der Mensch durch das von anderen Hervorbringungen der Schöpfung ihn unterscheidende Merkmal des Denkens und Handelns seine individuellen Anlagen im Selbstbestimmungsprozess zu stärken und zu erhöhen. Welches Merkmal besitzt „Welt?"

> „Bloss weil beides, sein Denken und sein Handeln nicht anders, als nur vermöge eines Dritten, nur vermöge des Vorstellens und des Bearbeitens von etwas möglich ist, dessen eigentlich unterscheidendes Merkmal es ist, Nicht-Mensch, d.i. Welt zu seyn, sucht er, soviel Welt als möglich zu ergreifen, und so eng, als er nur kann, mit sich zu verbinden." Baumgart, S. 94.

Die Welt, von der Humboldt spricht, ist nicht, wie bei Fichte, ein vom Ich gesetztes Nicht-Ich[19], sondern steht diesem „als etwas schlechthin Vorausgesetztes gegenüber."[20] „Nicht-Mensch" ist die Welt insofern, als sie durch ihre „unabhängige Selbstständigkeit" „dem

---

[19] Vgl. Benner (1990): S.99 – 102.
[20] Ebd. S. 99.

Eigensinn unsres Willens die Gesetze der Natur und die Beschlüsse des Schicksals entgegenstellt."[21] Durch diese dezidierte Gleichrangstellung von Mensch und Welt, eingebunden in einem kreisförmigen Prozess des Denkens und Handelns und des Bearbeitens von Welt, wird diese nicht der willkürlichen Herrschaft des Menschen unterworfen, ist Welt nicht zur Dienerin des Menschen mutiert, erhält diese nicht ihre Bestimmung vom Menschen, sondern jene ist dieser durch die Schöpfung schon mitgegeben. Der Mensch, so Humboldt, ist nicht mit seiner Welt identisch, er steht zu ihr in einem nicht von ihm bestimmten Gegensatz, den es zwar nicht zu überwinden, dafür anzunähern gilt. Denn gleich darauf meint Humboldt im Zusammenhang des letzten Zieles unseres Daseins:

> „Die letzte Aufgabe unsres Daseyns: dem *Begrif der Menschheit* in unserer Person, sowohl während der Zeit unseres Lebens, als auch noch über dasselbe hinaus, durch die Spuren des lebendigen Wirkens, die wir zurücklassen, einen so grossen Inhalt als möglich, zu verschaffen, diese Aufgabe löst sich *allein* durch die *Verknüpfung unsres Ichs mit der Welt zu der allgemeinsten, regesten und freiesten Wechselwirkung.* (Hervorhebung M. E.)" Baumgart, S. 94.

Hier wir das (letzte) Ziel von Bildung ausdrücklich erwähnt und der Prozesscharakter derselben angedeutet. Das sich bildende Subjekt soll einen bis jetzt noch inhaltslosen „Begrif der Menscheit" mit Bedeutung, mit Inhalt zu füllen. Nach Humboldt steht der Mensch also während seines ganzen Lebens und darüber hinaus vor der gewaltigen und anspruchsvollen Aufgabe, das, was Menschheit überhaupt ausmacht und heißen mag, in sich selbst zu bilden und zu repräsentieren. Dies geschieht nur, indem wir in Wechselwirkung zur Welt treten, die auf der Folie von Allgemeinheit, Freiheit und Offenheit beruht.

Unterscheiden muss man hierbei zwischen dem letzten Ziel des Daseins und dem stets den Menschen begleitenden Ziel, die Ausbildung seiner inneren, individuellen Kräfte voranzutreiben. Dieses Streben ist schon dem Menschen immanent angelegt, während Humboldt in seiner Theorie der Bildung aber erst dazu auffordert, diese „letzte Aufgabe" zu erfüllen, sich einen Begriff von der Menschheit zu machen, was der Mensch nicht freiwillig vollzieht, sondern erst von ihm verlangt werden muss, um „das, was sonst ewig todt und unnütz bleibt, zu beleben und zu befruchten."[22] Später heißt es nämlich:

> „Was verlangt man von einer Nation, einem Zeitalter, von dem ganzen Menschengeschlecht, wenn man ihm seine Achtung und seine Bewunderung schenken soll? Man verlangt, dass Bildung, Weisheit und Tugend so mächtig und allgmein verbreitet, als möglich, unter ihm herrschen, dass es seinen inneren Werth so hoch steigern, dass der Begriff der Menscheit, wenn man ihn [den Begriff] von ihm [dem Menschengeschlecht], als dem einzigen Beispiel, abziehen müsste, einen grossen und würdigen Gehalt gewönne." (Baumgart, S. 95.)

---

[21] Baumgart (2001): S. 96.
[22] Ebd., S. 96.

Hier erwähnt Humboldt den „inneren Werth", den wir als Bestimmungssuche übersetzt haben, und den „Begriff der Menschheit", den zu erreichen, als letztes Ziel unseres Lebens bestimmt wurde, unmittelbar in einem Atemzug. Das Bestimmtsein des Menschen, sich einen Begriff der Menschheit zu bilden, ist nicht in ihm selbst verwurzelt, sondern wird von ihm verlangt, gefordert. Allerdings bleibt die Frage offen, wer dieses Verlangen an die Nation, an das Zeitalter, an das Menschgeschlecht richtet. Auf jeden Fall ist dies nicht die einzige Aufforderung, die an den Menschen gerichtet ist, denn

> „man fordert auch, dass der Mensch den Verfassungen, die er bildet, selbst der leblosen Natur, die ihn umgibt, das Gepräge seines Werthes sichtbar aufdrücke, ja dass er seine Tugend und seine Kraft (so mächtig und so allwaltend sollen sie sein ganzes Wesen durchstralen) noch der Nachkommenschaft einhauche, die er erzeugt. Denn nur so ist eine Fortdauer der einmal erworbenen Vorzüge möglich, und ohne diese, ohne den beruhigenden Gedanken einer gewissen Folge in der Veredlung und Bildung, wäre das Daseyn des Menschen vergänglicher, als das Daseyn der Pflanze, die, wenn sie hinwelkt, wenigstens gewiss ist, den Keim eines ihr gleichen Geschöpfs zu hinterlassen."(Baumgart, S. 95.)

Der Mensch hat nicht einen sich selbst genügenden von allen nachfolgenden Generationen abgeschotteten Selbstbestimmungsauftrag. Vielmehr muss er den einmal gefassten Begriff der Menschheit seines inneren Wertes der Nachkommenschaft aufdrücken. Salopp könnte man formulieren: Der Mensch muss der Welt seinen Stempel aufdrücken, um die „einmal erworbenen Vorzüge" an die Nachkommenschaft zu tradieren. Humboldt vergleicht dies in einer Metapher mit einer Pflanze, die ihre Existenz dadurch bewahrt, dass die in ihrem Keim aufgehobenen Eigenschaften – beim Menschen wäre das der Begriff der Menschheit – in einer neuen Pflanze aufgehen. Im fünften Abschnitt seines Bildungsfragments beschreibt Humboldt nun den Bildungsprozess des Menschen:

> „Beschränken sich indess auch alle diese Forderungen nur auf das innere Wesen des Menschen, so dringt ihn doch seine Natur beständig von sich aus zu den Gegenständen ausser ihm überzugehen, und hier kommt es nun darauf an, dass er in dieser Entfremdung nicht sich selbst verliere, sondern vielmehr von allem was er ausser sich vornimmt immer das erhellende Licht und die wohlthätige Wärme in sein Innres zurückstrale." (Baumgart, S. 95.)

Das innere Wesen verweist auf eine rezeptive Bildung. Denn ausdrücklich schränkt Humboldt jene die an den Menschen gestellten Forderungen auf den inneren Wert des Menschen ein und grenzt damit wiederum die natürlichen Kräfte vom inneren Wesen des Menschen ab. Ganz anders sieht es mit der spontanen, dynamischen Natur des Menschen aus, die ihn „von sich aus zu den Gegenständen ausser ihm" übergehen lässt. Der Mensch, der seine Kräfte stärken will, geht auf die Gegenstände der Welt über und aktiviert somit seinen Bildungsprozess. Dieses Spiel zwischen Rezeptivität und Spontaneität nennt Humboldt „die Wechselwirkung seiner Empfänglichkeit mit seiner Selbstthätigkeit"[23], die sich nur am Gegenstand der Welt entfalten kann, mit der er dann ihrerseits in eine dialektische Wechselwirkung tritt. Dabei vollzieht sich der Bildungsprozess auf der spontanen Seite in einem Dreischritt. Erster Schritt: er geht von sich aus auf die Gegenstände über. Zweiter Schritt: er entfremdet sich, weil er in Kontakt mit dem Nichtidentischen tritt. Als Beispiel könnte man das Lernen einer neuen Sprache heranziehen. Die eigene Muttersprache, mit der man identisch ist, wird mit einer Fremdsprache konfrontiert. Der Mensch entfremdet sich. Dritter Schritt: Der Mensch muss aus der Entfremdung zurückkehren, d.h. „das erhellende Licht und die wohlthätige Wärme in sein Innres zurückstrale[n]."[24] Was das konkret heißt, erwähnt Humboldt jedoch nicht. Was er jedoch erwähnt, ist die Herangehensweise an diese Gegenstände, denen man mit dem „Begriff des Verstandes", der „Einbildungskraft" und der „Anschauung der Sinne" differenziert begegnet. Mit Wissenschaft, Kunst und sinnlicher Wahrnehmung werden die „Mannigfaltigkeit der Ansichten"[25] eingelöst und der Weg zur Kräftebildung geebnet.

Insgesamt muss ich festhalten, dass, bei Betrachtung des wechselvollen Bildungsprozesses aus Empfänglichkeit und Selbsttätigkeit, also aus Rezeptivität und Spontaneität, das Böhm'sche Diktum, Bildung könne „nie und nimmer von außen bewirkt und erst recht nicht jemanden ‚beigebracht' werden"[26], nicht aufrecht gehalten werden kann. Zwar ist das Wesen des Bildungsprozesses in der Verknüpfung des Ichs mit der Welt in einer auf Freiheit, Allgemeinheit und Offenheit beruhenden Wechselwirkung zu finden, Humboldt bezieht diesen Prozess allerdings auf eine zweifache Auffassung von Bildung, die er ebenfalls in Wechselwirkung setzt, indem er den spontanen Kräften der menschlichen Natur vertraut, selbständig den Bildungsprozess, wegen ihres Dranges sich zu stärken, einzugehen, während das innere Wesen aufgrund seines rezeptiven Charakters – um den Begriff der Menschheit in der eigenen Person Bedeutung zu verleihen – erst zu einem Eingehen auf die nichtidentische Welt aufgefordert werden muss. Ob dieser Aufforderung durch Aktuierung oder Bewirkung folge geleistet werden muss, sagt Humboldt einfach nicht.

Ich unterscheide also hiermit zwischen spontan-dynamischer Kräftebildung („Natur stärken und erhöhen") und rezeptiver Wesensbildung („Begriff der Menschheit") im auf Denken und Handeln gegründeten dialektischen Prozess zwischen Ich und Welt.

---

[23] Baumgart (2001): S. 96.
[24] Ebd., S. 95.
[25] Ebd.
[26] Böhm, Winfried: Theorie der Bildung. In: 3. Symposium der Universität Würzburg. „Nicht Vielwissen sättigt die Seele." Wissen, Erkennen, Ausbildung heute. Hrsg. von Winfried Böhm und Martin Lindauer. Stuttgart 1988, S. 36.

Abschließend müssen wir uns noch um die Einordnung des Textes in die Dreidimensionalität pädagogischen Denkens und Handelns und in die bildungstheoretischen Auffassungen bemühen. Der Mensch wird von Humboldt als rezeptives und spontanes Wesen gesehen, das seine Bestimmung denkend und handelnd sucht. Ziel ist es, den Menschen zu bilden, um seine Kräfte zu stärken und seinem Wesen einen Begriff der Menschheit zu geben. Dies kann nur über einen Entfremdungsprozess geschehen, wenn der Mensch im mannigfaltigen Kontakt mit dem Nichtidentischen tritt, und über eine Rückkehr aus dieser Entfremdung. Humboldt lässt sich weder auf einen materialen noch formalen Bildungsbegriff bringen. Weder diktiert die Welt dem bildenden Subjekt wünschenswerte Fähigkeiten und Qualifikationen, oder stellt in Form eines Kanons materiale Wissensbestände als für die menschliche Formung notwendige Bildungsvoraussetzung auf, noch macht sich der Mensch die Welt als utilitaristisches Instrument für die bloße Formung seiner Kräfte rücksichtslos gefügig. „Bildung meint" – und hier folge ich der Ausführung Böhms, weil sie den Bildungsprozess in seiner möglichen Tragweite im Sinne Humboldts mehrdimensional entfaltet – „ [...] den eminent spannungsreichen dialektischen Prozeß der Auseinandersetzung von Mensch und Welt in der Weise, daß das menschliche Individuum von seiner natürlichen Selbstbezogenheit abläßt, sich von der Befangenheit in seine sinnliche Erfahrungswelt befreit, sich auf die Welt einläßt und in der Hingabe an seine ihm eigentümliche Berufung zum Weltdienst sich selbst als sich in Raum und Zeit zusammenhängende Person findet und sich quasi auf einer höheren Stufe auf sich zurücknimmt."[27]

---

[27] Böhm (1988): S. 34.

13

6. Bibliographie

Benner, Dietrich: Wilhelm von Humboldts Bildungstheorie. Eine problemgeschichtliche Studie zum Begründungszusammenhang neuzeitlicher Bildungsreform. Weinheim 1990

Benner, Dietrich: Allgemeine Pädagogik. Eine systematisch-problemgeschichtliche Einführung in die Grundstruktur pädagogischen Denkens und Handelns. 4. Aufl. Weinheim; München 2001

Böhm, Winfried: Wörterbuch der Pädagogik 15. Aufl. Stuttgart 2000

Humboldt, Wilhelm von: Werke I. Band I. Schriften zur Anthropologie und Geschichte. Hrsg von Wolfgang Stahl. Germany 1999

Erziehungs- und Bildungstheorien. Erläuterungen, Texte, Arbeitsaufgaben. Hrsg. von Franzjörg Baumgart. 2. Aufl. Bad Heilbrunn 2001

Markl, Hubert: Schnee von gestern. Hubert Markl über die Legende von den „zwei Kulturen". In: Lernen zum Erfolg. Was sich an Schulen und Universitäten ändern muss. (SPIEGEL-Special – Das Magazin zum Thema) Hamburg 2002

Spranger, Eduard: Wilhelm von Humboldt und die Reform des Bildungswesens. Tübingen 1964

Wagner, Hans-Josef: Die Aktualität der strukturalen Bildungstheorie Humboldts. Weinheim 1995